BEI GRIN MACHT SICH IHR WISSEN BEZAHLT

AF153664

- Wir veröffentlichen Ihre Hausarbeit,
  Bachelor- und Masterarbeit

- Ihr eigenes eBook und Buch -
  weltweit in allen wichtigen Shops

- Verdienen Sie an jedem Verkauf

Jetzt bei www.GRIN.com hochladen und kostenlos publizieren

GRIN

Softwareentwicklung mit Scrum

Octavian Zaiat

Bibliografische Information der Deutschen Nationalbibliothek:

Die Deutsche Nationalbibliothek verzeichnet diese Publikation in der Deutschen Nationalbibliografie; detaillierte bibliografische Daten sind im Internet über http://dnb.d-nb.de abrufbar.

ISBN: 9783346302199
Dieses Buch ist auch als E-Book erhältlich.

Druck und Bindung: Books on Demand GmbH, Norderstedt Germany
Gedruckt auf säurefreiem Papier aus verantwortungsvollen Quellen

Das vorliegende Werk wurde sorgfältig erarbeitet. Dennoch übernehmen Autoren und Verlag für die Richtigkeit von Angaben, Hinweisen, Links und Ratschlägen sowie eventuelle Druckfehler keine Haftung.

Das Buch bei GRIN: https://www.hausarbeiten.de/document/958065

FOM Hochschule für Oekonomie & Management

Hochschulzentrum Frankfurt am Main

Berufsbegleitender Studiengang zum

Wirtschaftsinformatiker

4. Semester

Seminararbeit

(Umfang: 4210 Wörter)

Softwareentwicklung mit SCRUM

Autor: Octavian Zaiat

Abgabedatum: 31.08.2020

Inhaltsverzeichnis

Abbildungsverzeichnis

Tabellenverzeichnis

Abkürzungsverzeichnis

DoD   Definition of Done

1. Einleitung

Agile Methoden im Projektmanagement werden immer beliebter und werden fast von jedem Unternehmen implementiert, denn mithilfe dieser werden hochwertige Produkte ressourcenschonend und in kürzerer Zeit auslieferungsfähig. Agil zu arbeiten, bedeutet auf Situationen zu reagieren, die sich während des Projekts immer wieder ändern oder anpassen müssen. Heutzutage gestaltet sich die Ausführung von Projekten viel komplexer, da viele Komponente berücksichtigt werden müssen. Dies hat zur Folge, dass es innerhalb des Projektes sehr schnell unübersichtlich werden kann. Aus diesem Grund reichen die klassischen Projektmethoden wie bspw. die Wasserfall-Methode nicht aus, um dieser Komplexität standzuhalten. Für die Softwareentwicklung eignet sich SCRUM sehr gut, da Änderungen der Anforderungen im Laufe des Projektes erlaubt sind.[1] In Scrum gibt es wenige Regeln, die schon klar definiert sind. Innerhalb des Teams besteht keine Hierarchie und es finden zahlreiche Meetings statt, diese mögen zwar störend sein, aber für den Erfolg eines Scrum-Projektes sind sie unentbehrlich, denn nur durch Feedback kann das Projekt sein volles Potenzial entfalten.[2]

Ziel dieser Arbeit ist, die Entwicklung einer Software mit Hilfe der agilen Methode-Scrum zu demonstrieren. Da es sich in dieser Arbeit um ein theoretisches Model handelt, wird am Ende keine fertige Software präsentiert, sondern es wird die Durchführung eines Sprints aus der Sicht des Scrum-Teams erläutert.

---

[1] Vgl. Nyamsi, E., (2019), S.V.
[2] Vgl. Eid, P., (2019), S. 1.

2. Definition von SCRUM

SCRUM ist ein Framework für agiles Projektmanagement. Durch regelmäßiges Feedback und agile Methoden ist eine frühzeitige Auslieferung eines Produktinkrements möglich, das dem Kunden während des Entwicklungsprozesses präsentiert werden kann. Das Ziel eines Projektes mit SCRUM ist, eine kürzere Zeitspanne zwischen Produktidee und Produktauslieferung zu schaffen. Die Grundlagen einer Software mit SCRUM basieren auf der Erstellung der Anforderungen und der Scrum-Rollen: Scrum Master, Product Owner und Entwicklungsteam.[3] In der Abbildung 1 kann die Skizze eines Scrum-Prozesses angesehen werden:

Abbildung 1: Scrum-Prozess

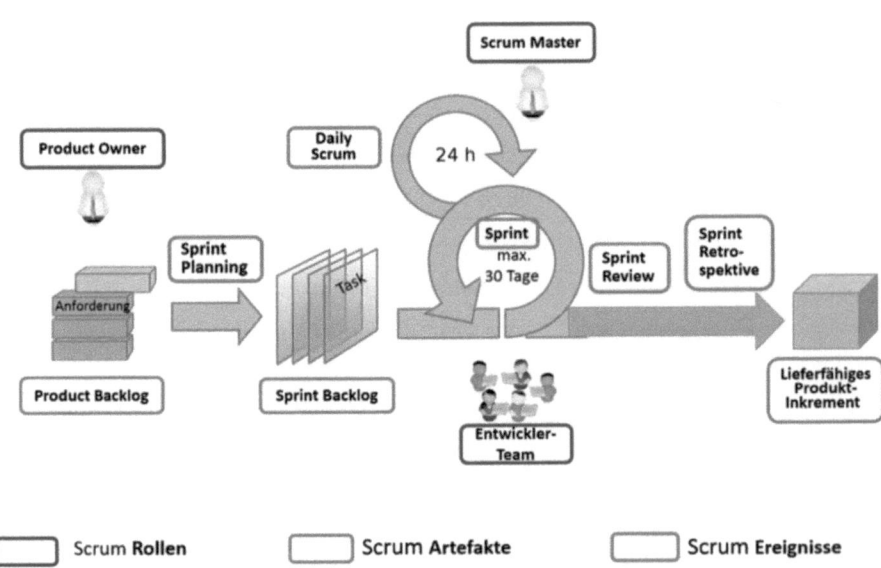

Quelle: https://www.integrata-cegos.de/leistungsangebot-informationstechnologie/scrum-und-agilitaet, Zugriff am 04.05.2020.

---

[3] Vgl. Nyamsi, E., (2019), S.V.

3. Die Rollen

Um ein Projekt mit Scrum zu beginnen, werden drei Rollen (Scrum Master, Product Owner, Development-Team) benötigt. In der Praxis kann es sein, dass weitere Rollen ins Spiel kommen, etwa das Management oder die Kunden, die manchmal auch Stakeholder genannt werden. Das Development-Team besteht aus Experten, die über das fachliche Wissen verfügen, um das Produkt entwickeln zu können, der Scrum Master sorgt für einen einwandfreien Prozessablauf im gesamten Projekt und der Product Owner hat die Vorstellung über das Produkt und erarbeitet Aufgaben, die erledigt werden müssen. Alle drei Rollen sind für die erfolgreiche Entwicklung des Produkts verantwortlich.[4]

3.1 Product Owner

Der Product Owner hat eine besondere Rolle in SCRUM-Projekten. Er ist für das zu entstehende Produkt verantwortlich. Er trifft fachliche Entscheidungen über sein Produkt, bereitet Aufgaben vor, betreut Kunden, unterstützt den Vertrieb, erstellt strategische Maßnahmen, konzipiert Anforderungen und führt Analysen über den Markt und Wettbewerb.[5]

In seiner Rolle agiert er als Produktmanager, der seine Kunden sehr gut kennt. Idealerweise sollte er am besten seine Rolle als Product Owner ausüben, und nicht direkt an der Entwicklung des Produkts arbeiten, sonst überfordert er sich und kann seiner eigentlichen Tätigkeit nicht mehr nachgehen, wie gesollt. Von ihm wird eine ausgezeichnete Kommunikationsfähigkeit gefordert, da er kontinuierlich mit dem Kunden in Kontakt bleibt. Er soll teamfähig sein und sein Team immer wieder motivieren können.[6] Seine wichtigste Aufgabe ist die Erstellung des Backlogs, in diesem werden die Anforderungen an das zukünftige Produkt in priorisierter Form festgelegt.[7]

3.2 Entwicklungsteam

Idealerweise sollte ein Entwicklungsteam aus 5 oder 7 Personen bestehen. Die Teammitglieder sollten im besten Fall keine externen Aufgaben übernehmen, sondern überwiegend für die Entwicklung des Produkts zuständig sein, damit am Ende die Qualität des Produkts gewährleistet werden kann. Das Team organisiert sich selbst und entscheidet auch selbständig über die Umsetzung des Ergebnisses. Diese Art der Selbstorganisation kommt dem Team zugute und liefert durch die Motivation und Kreativität von Teammitgliedern ein besseres Lieferergebnis.[8]

---

[4] Vgl. Eid, P., (2019), S. 14.
[5] Vgl. Maximini, D., (2013), S. 183-184.
[6] Vgl. Maximini, D., (2013), S. 184.
[7] Vgl. Eid, P., (2019), S. 24.
[8] Vgl. Böhm, J., (2019), S. 37.

3.3 Scrum Master

Der Scrum Master ist in jedem Scrum-Projekt anwesend. Er steht für die Einhaltung der Regeln in SCRUM und sorgt dafür, dass alle Meetings ordnungsgemäß stattfinden und keine Hindernisse im Weg des Entwicklungsteams stehen.[9]

Die Aufgaben des Scrum Masters beschränken sich auf den Managementbereich und sehen wie folgt aus:[10]

- Mitarbeiter schulen
- Das Team motivieren
- Probleme und Hindernisse aus dem Weg des Teams räumen
- Kommunikation mit allen Beteiligten
- Sicherstellung von Scrum-Prozessen
- Events moderieren
- Produktivität der Prozesse steigern

Er ist in der Lage die Entwicklersprache in die Kundensprache zu übersetzen. Idealerweise soll der Scrum Master in einem Projekt die Führungskraft sein und nicht direkt an der technischen Entwicklung des Produkts arbeiten.[11] Zu seiner Kernaufgabe gehört die Beseitigung der Hindernisse. Ob kleine oder große Hindernisse, sie können das Entwicklungsteam jederzeit in seiner Arbeit beeinträchtigen. Ein typisches Problem kann sich manchmal auch von der Seite des Product Owners ergeben, wenn er vom Entwicklungsteam schnellere Ergebnisse verlangt und dabei das Team unter Druck setzt. Dann ist der Scrum Master gefordert, einen Kompromiss zwischen Product Owner und Entwicklungsteam zu finden, damit der Prozess weiterhin ungestört ablaufen kann.[12]

---

[9] Vgl. Böhm, J., (2019), S. 38.
[10] Vgl. Maximini, D., (2013), S. 186-187.
[11] Vgl. Maximini, D., (2013), S. 186-187.
[12] Vgl. Eid, P., (2019), S. 22.

4. Artefakte

Ein Scrum Projekt besteht aus Artefakten wie Product Backlog, Sprint Backlog und Produktinkrement. Sie helfen den Projektmitgliedern sich im gesamten Prozess zu orientieren.[13] Im folgenden Kapitel werden die genannten Artefakten erläutert.

4.1 Product Backlog

Das Product Backlog wird von dem Product Owner erstellt. In diesem werden Aufgaben priorisiert und Anforderungen an das zukünftige Produkt gestellt, die dann durch das Entwicklungsteam bearbeitet werden.[14] Ein Product Backlog wird kontinuierlich durch den Product Owner gepflegt. Dabei handelt es sich um eine dynamische Liste, da dem Backlog immer wieder neue Einträge hinzugefügt werden können. Die Qualität des Backlogs spielt eine wesentlich wichtige Rolle für den Erfolg des Projektes.[15] Die Einträge in dem Product Backlog müssen so formuliert werden, dass sie von dem Entwicklungsteam auch verstanden werden können.[16]

Folgende Einträge gehören laut www.projektmagazin.de zu einem Product Backlog: [17]

- User Stories
- Fehlerbehebungen
- Qualitätsanforderungen (Backlog Items)
- Verbesserungen
- Eigenschaften und Funktionen des Produkts

User Story

User Storys beschreiben alle Funktionen und Eigenschaften eines Produkts aus der Sicht des Kunden, die im Laufe der Sprints realisiert werden müssen. Eine User Story soll für alle Teammitglieder und Stakeholder leicht zu verstehen sein, damit der Leser schnell erkennen kann, was die Story beschreibt, warum sie wichtig ist und auf was dies zielt.[18] Die User Storys werden von dem Product Owner in Form von Karteikarten erstellt und im Product Backlog in priorisierter Form eingetragen.[19] Eine User Story kann wie in der Abbildung 2 aussehen:

---

[13] Vgl., https://www.dasscrumteam.com/de/blog/scrum-guide-und-skalierung-teil-4-scrum-artefakte, Zugriff am 16.04.2020.
[14] Vgl. Eid, P., (2019), S. 67.
[15] Vgl., https://www.inloox.de/unternehmen/blog/artikel/scrum-grundlagen-einfach-erklaert-der-product-backlog/, Zugriff am 16.04.2020.
[16] Vgl. Maximini, D., (2013), S. 193-194.
[17] Vgl., https://www.projektmagazin.de/glossarterm/product-backlog, Zugriff am 17.04.2020.
[18] Vgl. Eid, P., (2019), S. 37.
[19] Vgl. Nyamsi, E., (2019), S. 9.

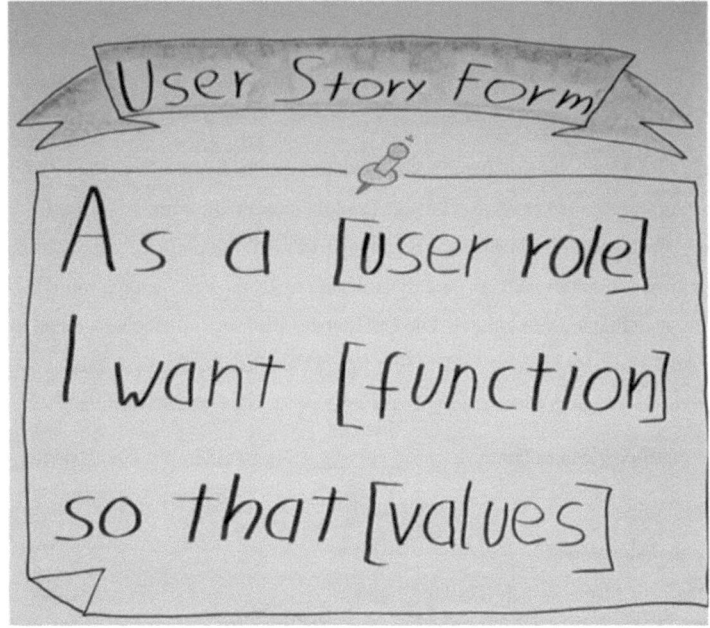

Quelle: Eid, P., (2019), S. 38.

Storyboard

Das Storyboard gibt einen Überblick über die Reihenfolge der erstellten User Storys. Der Product Owner und das Entwicklungsteam einigen sich über die Vorgehensweise, wie die Funktionalitäten bearbeitet werden sollen. Auch während der Entwicklungsarbeit entstehende Veränderungen können ins Storyboard aufgenommen werden.[20] Ein Storyboard kann ein echtes Board oder ein digitales Board sein. Die User Storys werden auf Karteikarten geschrieben und auf dem Board über die Spalten „To Do", „Work in Progress" und „Done" bewegt.[21] Das Board ist ein wichtiges Werkzeug, um den Stand des Sprints nachvollziehbar für alle Projektbeteiligten zu machen. Um den Sprint beenden zu können, müssen alle Aufgaben in der Spalte „Done" aufgeführt sein, bevor der Sprint als abgeschlossen betrachtet wird.[22]

---

[20] Vgl. Nyamsi, E., (2019), S. 9.
[21] Vgl. Böhm, J., (2019), S. 48.
[22] Vgl., https://agilescrumgroup.de/scrum-board/, Zugriff am 12.05.2020.

4.2 Sprint Backlog

In einem Sprint Backlog werden Aufgaben und Elemente aus dem Product Backlog übernommen. Die übernommenen Aufgaben müssen durch das Entwicklungsteam bis zum Ende des Sprints erledigt werden. Sind die Aufgaben nicht erledigt, kehren diese entweder ins Product Backlog zurück oder müssen im nächsten Sprint Backlog erledigt werden.[23] Die Abbildung 3 zeigt, wie das Sprint Backlog in der Praxis aussehen kann.

Abbildung 3: Sprint Backlog

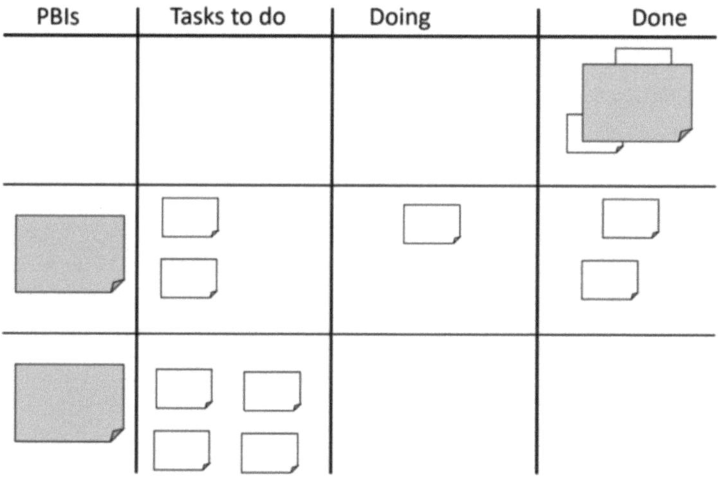

PBIs	Tasks to do	Doing	Done

Quelle: Pfeffer, J., (2019), S. 87.

Definition of Done

Die Definition of Done, auch DoD genannt, ist ein zwischen dem Product Owner und dem Entwicklungsteam festgehaltenes Dokument, das die Mission hat, die Qualität des Produktinkrements zu steigern. Das Dokument beinhaltet alle Maßnahmen, die für jede Anforderung erfüllt sein müssen, damit diese als „Done" gelten können. Der Product Owner ist für die Festlegung des Qualitätsniveaus des Produkts zuständig, während das Entwicklungsteam sich Gedanken macht, mit welchen Maßnahmen das entsprechende Qualitätsniveau zu erreichen ist. Alle Maßnahmen, die in der Vereinbarung festgehalten sind, müssen eingehalten werden, damit

---

[23] Vgl. Eid, P., (2019), S. 78.

sie die Bezeichnung „Done" erhalten können. Jedes Element aus der Definition of Done muss erfüllt sein, damit die Story aus dem Product Backlog abnahmereif ist. Sind die Elemente nicht erfüllt, müssen sie im nächsten Sprint erfüllt werden. Laut Dominik Maximini enthält eine „Definition of Done" die folgenden Elemente:[24]

- „Alle Aufgaben sind erledigt bzw. es sind keine Reste mehr übrig"
- „Jede Aufgabe wurde nach dem vier Augen Prinzip geprüft"
- „Alle Akzeptanzkriterien sind erfüllt"
- „Alle Akzeptanzkriterien sind durch automatische Tests abgesichert"
- „Der Code ist vollständig integriert"
- „Alle Tests der Software laufen fehlerfrei durch"
- „Die Dokumentation ist angepasst"
- „Die Codierrichtlinien wurden eingehalten"

Definition of Ready

Definition of Ready ist eine Angabe, die die Aufnahme eines Product Backlog-Items in das Sprint Planning ermöglicht. Das Entwicklungsteam und der Product Owner vereinbaren eine Checkliste mit verschiedenen Kriterien.[25] Sind die Kriterien festgelegt, kann das Entwicklungsteam darüber entscheiden, ob die Items für die Aufnahme ins Sprint Planning bereit sind. Das Ziel dieser Vereinbarung ist, dass die Items mit der höchsten Priorität so schnell wie möglich fertig an die Kunden ausgeliefert werden.[26]

Laut dem Autor Kenneth S. Rubin können folgende Einträge in einer Checkliste stehen:[27]

- Das Team hat die Aufgaben richtig verstanden und ist in der Lage Entscheidungen zu treffen, ob es das Product Backlog Item abschließen kann.
- Es gibt keine externen Abhängigkeiten, die die Fertigstellung des Product Backlog-Item hindern können.
- Das Team verfügt über ausreichend Mitarbeiter, damit das Product Backlog-Item abgeschlossen werden kann.
- Das Product Backlog-Item kann aufgrund seiner kleinen Größe in einem Sprint fertiggestellt werden.
- Die Kriterien sind testbar und definiert.

---

[24] Maximini, D., (2013), S. 195.
[25] Vgl., https://scrumkurs24.de/definition-of-ready/, Zugriff am 27.04.2020.
[26] Vgl., https://agilescrumgroup.de/definition-of-ready/, Zugriff am 13.05.2020.
[27] Vgl. Kenneth, S., (2014), S. 147-148.

- Das Team weiß, wie das Product Backlog-Item beim Sprint Review präsentiert werden kann.

Eine ähnliche Checkliste hilft dem Team bei der Erreichung der Sprint-Ziele.[28]

Inkrement

Am Ende eines Sprints entstehen in SCRUM Produktinkremente. Diese sind kleine nutzbare Versionen der zu entwickelnden Software, die den Kunden im Sprint Review vorgestellt werden. Das eigentliche Produkt wird durch das Produktinkrement ergänzt und erzielt schon während des Sprints eine Wertschöpfung auf dem Markt.[29]

5. Ereignisse

5.1 Sprint

Ein Sprint sollte eine maximale Dauer von vier Wochen haben und in der Lage sein, am Ende dieses Zeitabschnitts ein Produktinkrement zu erzeugen. Die Dauer des Sprints ist auf die Größe des Entwicklungsteams oder auf die Komplexität von Anforderungen zurückzuführen.[30] Laut dem Autor Dominik Maximini sollen folgende Punkte bei der Anpassung der Sprintlänge beachtet werden: [31]

- Die Sprintlänge über viele Sprints soll stabil bleiben, um eine gute Produktivität und eine Planungsgrundlage zu erreichen.
- Mindestlänge von Sprints sind in Scrum nicht definiert, sollen aber erfahrungsgemäß minimal eine Woche lang sein.
- Möglichst versuchen, Zeitdruck zu vermeiden.
- Sprints mit einer Länge von zwei bis drei Wochen einplanen, da Sprints mit einer Woche zu anstrengend und Sprints mit vier Wochen zu lang sein können.
- Die Lerngeschwindigkeit ist entscheidend für die Sprintlänge. Lernt das Team schnell, kann die Länge des Sprints auch kürzer sein.

5.2 Sprint Planning

In einem Sprint Planning werden die Aufgaben festgelegt, die im aktuellen Sprint erledigt werden müssen. Diese Aufgaben stammen aus dem Product Backlog und werden je nach Priorisierung durch das Team im Laufe des Sprints umgesetzt. Ein Sprint Planning wird in 2 Blöcken,

---

[28] Vgl. Kenneth, S., (2014), S. 148.
[29] Vgl. Böhm, J., (2019), S. 48.
[30] Vgl. Eid, P., (2019), S. 30.
[31] Vgl. Maximini, D., (2013), S. 197-198.

in Sprint Planning 1 und Sprint Planning 2 aufgeteilt.[32] Im ersten Block findet ein Treffen zwischen Product Owner und Entwicklungsteam statt, in diesem stellt der Product Owner dem Team seine Pläne und Ziele vor. Das Team bespricht mit seinen Mitgliedern die von Product Owner vorgegebenen Pläne und versucht eine Prognose zu treffen, um die Sprintziele im gegebenen Zeitraum erreichen zu können. Im zweiten Block wird das Sprintziel bis ins kleinste Detail durch das Entwicklungsteam geplant.[33] Hier werden Aufgaben in Teil-Aufgaben (Tasks) verteilt. Tasks sind wichtig, um die Arbeit und den Fortschritt des Teams beobachten zu können. Das Team erstellt eine Liste mit allen Aufgaben, die in dem aktuellen Sprint umgesetzt werden sollen und werden danach unter der Einhaltung der priorisierten User Storys dem Product Owner zur Verfügung gestellt. Erst wenn alles vorbereitet ist, kann mit dem Sprint offiziell begonnen werden. Die Dauer des Meetings soll circa acht Stunden bei einer Sprintlänge von bis zu vier Wochen sein.[34]

5.3 Daily Scrum

Das Team trifft sich täglich beim sogenannten Daily Scrum. Hier wird auf Grundlage des bisher Erreichten geplant, wie das Sprintziel noch zu erreichen ist. Das Meeting sollte idealerweise 15 Minuten dauern und täglich stattfinden. Diese Methode kann dabei helfen, um festzustellen, wie der Stand des Teams ist, also wie motiviert und selbstorganisiert die Teammitglieder arbeiten. An dem Meeting sollten die Entwickler und vielleicht der Scrum Master teilnehmen, da er in typischen Scrum-Projekten das Meeting auch organisiert. Der Product Owner und alle anderen Stakeholder sollten sich von dem Meeting fernhalten, da es sich bei Daily Scrum um ein Expertenmeeting handelt.[35]

Sollte sich das Team nicht organisieren können, kann der Scrum Master eingreifen. Das Team wird aufgefordert, die Aufgaben am Scrum Board von oben nach unten durchzugehen. Es soll auf folgende Fragen geantwortet werden:[36]

- Was wurde gestern erledigt?
- Was soll heute erledigt werden?
- Welche Schwierigkeiten/Probleme wurden bisher erkannt?

---

[32] Vgl., https://www.ingenieur.de/karriere/arbeitsleben/alltag/scrum-so-funktioniert-agiles-projektmanagement-im-sprint/, Zugriff am 20.04.2020.
[33] Vgl. Maximini, D., (2013), S. 198.
[34] Vgl. Eid, P., (2019), S. 42-44.
[35] Vgl. Maximini, D., (2013), S. 200.
[36] Vgl. Böhm, J., (2019), S. 56-58.

5.4 Sprint Review

Bei einem Sprint Review wird das Ergebnis des Sprints vorgestellt, wobei der Fokus auf das Produkt und nicht auf die Prozesse gesetzt wird.[37] An einem Sprint Review nehmen das Entwicklungsteam, der Product Owner und eventuell noch andere Stakeholder wie Kunden teil. Die Teilnahme der Kunden an dem Meeting ist optional, kann aber wertvolles Feedback für das Produkt liefern. Ziel dieses Meetings ist, wie der Name schon sagt, die Ergebnisse zu bewerten und sie mit dem Product Owner zu diskutieren. Kommen im Laufe des Meetings neue Wünsche oder Änderungen ins Gespräch, werden sie ins Product Backlog verschoben und in den nächsten Sprints berücksichtigt. Die Dauer eines Sprints Reviews soll bei einem vierwöchigen Sprint circa vier Stunden betragen. Um die Dauer des Meetings einhalten zu können und mehr Raum für die Kommunikation mit den Stakeholdern zu schaffen, sollte der Product Owner schon während des Sprints Rückmeldungen zu der geleisteten Arbeit geben, ansonsten besteht die Gefahr, dass die Dauer des Sprint Reviews nicht eingehalten werden kann.[38]

5.5 Sprint Retrospective

Mit der Sprint Retrospective endet offiziell der aktuelle Sprint. Das Meeting wird genutzt, damit die nächsten Punkte des anstehenden Sprints vorbereitet werden. Mithilfe der Retrospective werden die vergangenen Prozesse analysiert und daraus Verbesserungsvorschläge für die zukünftigen Sprints eingeleitet.[39] An der Sprint Retrospective kann das gesamte Team teilnehmen, um sowohl über die positiven als auch über die negativen Entwicklungen und Probleme zu diskutieren. Ziel der Besprechung ist, ein Prozessoptimierungsplan zu erstellen, damit dieselben Probleme nicht noch einmal auftreten. Nach der Besprechung werden dem Team neue Aufgaben zugewiesen. Der Scrum Master und das Team versuchen jeweils ihre Prozesse und Abläufe zu verbessern. Der Scrum Master ist für die Organisierung des Meetings verantwortlich.[40]

Laut Patric Eid sind folgende drei Fragen in der Sprint Retrospective zu beantworten:[41]

- „Was lief gut?"
- „Was muss optimiert werden?"
- „Was wollen wir im nächsten Sprint verbessern?"

---

[37] Vgl. Kenneth, S., (2014), S. 405.
[38] Vgl. Pfeffer, J., (2019), S. 94-95.
[39] Vgl. Maximini, D., (2013), S. 199-200.
[40] Vgl. Eid, P., (2019), S. 49-50.
[41] Eid, P., (2019), S. 56.

6. Projekt „ChargeTime App" entwickeln

Dieses Kapitel befasst sich mit dem Projekt namens „ChargeTime App". Im Zusammenhang mit der E-Mobilität wird die App entwickelt, um einen Beitrag zur Beschleunigung der E-Mobilität auf den Straßen zu leisten. Die Software ermöglicht eine Plattform, die ein App-Benutzer (Stromanbieter) seine Steckdose oder Wallbox zur Verfügung stellt und ein anderer (E-Autofahrer) sein Auto gegen Entgelt aufladen kann.

Der Product Owner erarbeitet folgende Produktvision:

- Der Entwickler der App erhält für jede erfolgreiche Vermittlung eine Provision, die sich an den Gesamtbetrag orientiert.
- Die ChargeTime App ermöglicht Flexibilität, da die E-Autofahrer jede beliebige Steckdose oder Wallbox aus der Umgebung nutzen können.
- Die App bietet dem Stromanbieter die Möglichkeit, mit seiner Steckdose oder Wallbox Geld zu verdienen.
- Die App bietet dem Fahrer die Möglichkeit, Ladesäulen, Steckdosen und Wallboxen auf der Karte zu finden, damit die Fahrtpausen zum Aufladen des Akkus genutzt werden.
- Die App stellt sicher, dass die Vermittlung einer Steckdose zuverlässig erfolgt, dass der Anbieter mit seinem Service einen finanziellen Vorteil hat, der Fahrer unkompliziert sein Auto aufladen kann, der App-Entwickler Umsätze erzielt.
- Die App versorgt regelmäßig mit neuesten Nachrichten über E-Mobilität und soll die Nutzer über die Vorteile eines E-Autos überzeugen.

Product Owner

Der Product Owner erstellt das Product Backlog in priorisierter Form. Die obigen Visionen werden in User Stories formuliert. Die folgende Tabelle soll einem Scrum-Board ähneln.

Tabelle 1: Product Backlog

#ID	Backlog-Item (Thema)	User Story	Umsetzung in Sprint	Priorität	Notizen	Status
001	Flexibilität	Als Fahrer möchte ich beim Starten der App alle	1	Hoch		Work in Progress

		Lademöglichkeiten auf Karte sehen können				
002	Provision	Als Entwickler der App möchte ich pro erfolgreiche Vermittlung eine Provision erhalten	1	Hoch		Work in Progress
003	Bequemlichkeit	Als E-Autofahrer möchte ich per Knopfdruck eine freie Steckdose oder eine Ladestation (Wallbox/öffentliche Ladesäule) reservieren können	1	Hoch		Work in Progress
004	Einfachheit	Als App-Benutzer wünsche ich mir, dass die App einfach zu bedienen ist	2	Mittel		To Do
005	Up-to-Date	Als App-Benutzer möchte ich alle Neuigkeiten zur E-Mobilität ansehen können	2	Niedrig		To Do
006	Transparenz	Als Fahrer und Stromanbieter möchten wir in der App in Echtzeit den abgegebenen Strom und den zu zahlenden Preis sehen	2	Hoch		To Do
007	Steckdosen-Service	Als Stromanbieter möchte ich mit meiner Leistung Geld verdienen	2	Mittel		To Do

Die User Storys sind fertig erstellt. Änderungen und neue Einträge sind jederzeit im Product Backlog möglich. Für die Sicherstellung der Qualitätsanforderungen wird folgende Definition of Done vereinbart:

Tabelle 2: Definition of Done

1. Der Code ist komplett implementiert.	
2. Unit-Tests sind durchgeführt und laufen fehlerfrei.	
3. Die Tests sind auf allen Szenarien durchgeführt.	
4. Dokumentation ist vorhanden und aktuell.	
5. Alle Tasks wurden bearbeitet.	
6. Alle Akzeptanzkriterien sind erfüllt und kontrolliert.	

Quelle: Eigene Darstellung

Sprint Planning

Product Owner

Der Product Owner stellt dem Entwicklungsteam das Product Backlog vor. Das Entwicklungsteam besteht aus zwei Softwareentwicklern, einem Softwarearchitekten und zwei Tester.

Entwicklungsteam

Das Entwicklungsteam selektiert im Sprint Planning alle User Storys, die seiner Einschätzung nach, in einem einzigen Sprint durchgeführt werden können. Dabei werden die Storys in Tasks zerlegt und an die Mietglieder verteilt. Die ersten 3 User Storys mit dem jeweiligen ID aus dem Product Backlog werden selektiert und im Sprint Backlog eingetragen. Die Tabelle 3 demonstriert, wie ein Sprint Backlog in der Realität aussehen kann.

Tabelle 3: Sprint Backlog

User Story #ID	Task	Task Verant- wortlicher	To do	Work in Progress	Done
001	1. User Interface designen	Entwickler X			
	2. Architektur implementieren	Architekt X			
	3. Klassendiagramm erstellen	Entwickler Y			
	4. Code-Logik schreiben	Entwickler X			
	5. Dokumentation schreiben	Tester X			
	6. Vervollständige die Unit-Tests	Tester Y			
002	1. Business Logik implemen- tieren	Architekt X			
	2. Backend Code implementie- ren	Entwickler X			
	3. Frontend Code implementie- ren	Entwickler Y			
	4. Dokumentation schreiben	Tester X			
	5. Unit-Test durchführen	Tester Y			
003	1. Design von Menü und But- tons festlegen	Architekt X			
	2. Log-in Funktion implemen- tieren	Entwickler X			
	3. Such-Algorithmus definie- ren und schreiben	Entwickler Y			
	4. Sortier-Algorithmus schrei- ben	Entwickler Y			
	5. Unit-Tests durchführen	Tester X			
	6. Dokumentation schreiben	Tester Y			

Quelle: Eigene Darstellung

Scrum Master

Der Scrum Master kümmert sich im Sprint Planning um Folgendes:

- Organisiert das Meeting.
- Reserviert einen Besprechungsraum.
- Lädt das gesamte Team und eventuell Experten ein.
- Sorgt dafür, dass das Meeting zur richtigen Zeit stattfindet nicht länger als 8 Stunden dauert.

Daily Scrum

Scrum Master

Der Scrum Master sorgt hier dafür:[42]

- dass das Meeting täglich stattfindet.
- dass es nicht länger als 15 Minuten dauert.
- dass die „Impediments" (Probleme) gelöst werden.

Product Owner

Der Product Owner nimmt an der Besprechung nicht teil.

Entwicklungsteam

Das Team bespricht in der Runde, was gestern von jedem geleistet wurde und was heute noch zu leisten ist. Im Sprint Backlog werden die erledigten Tasks im Bereich „Done" verschoben und die Aufgabe als „erledigt" markiert.[43]

Sprint

Die Dauer des Sprints wird auf 2 Wochen gesetzt.

Scrum Master

Der Scrum Master sorgt im Laufe des Sprints dafür, dass das Entwicklungsteam störungsfrei arbeitet. Er beobachtet den Sprint-Prozess und unternimmt alles, damit das Entwicklungsteam am Sprintende das Produktinkrement liefert. Er steht für alle Fragen zum Scrum-Prozess zur Verfügung und stellt sicher, dass die Dauer des Sprints eingehalten wird.

---

[42] Vgl. Böhm, J., (2019), S. 56-57.
[43] Vgl. Böhm, J., (2019), S. 57.

Das Entwicklungsteam arbeitet im Laufe des Sprints mit dem Sprint Backlog. Die auf dem Board selektierten User Storys müssen am Ende des Sprints „Done" sein. Es dürfen keine anderen User Storys bearbeitet werden, die nicht im aktuellen Sprint Backlog eingetragen sind. Mit dem Ende des Sprints ist das erste Produktinkrement entstanden und kann im Sprint Review dem Product Owner vorgestellt werden.

Sprint Review

Entwicklungsteam

Das Entwicklungsteam stellt dem Product Owner die bisherigen Ergebnisse vor. Das Team wünscht sich nach Ende des ersten Sprints neue Features und Einträge im Product Backlog. Der Product Owner akzeptiert sie oder lehnt sie ab.

Product Owner

Der Product Owner prüft die Ergebnisse mithilfe der „Definition of Done" und entscheidet über die Auslieferung des Inkrementes. Er nimmt das Feedback der Stakeholder entgegen und formuliert im Product Backlog neue User Storys.

Scrum Master

Der Scrum Master achtet darauf:

- dass das Sprint Review nach jedem Sprintende stattfindet.
- dass das Entwicklungsteam und der Product Owner seine Aufgaben richtig erfüllen.
- dass die Dauer des Meetings nicht länger als 2 Stunden ist.

Sprint Retrospektive

Scrum Master

Der Scrum Master organisiert die Sprint Retrospektive und hat folgende Aufgaben hiermit zu erfüllen:[44]

- Probleme/Hindernisse aus den vergangenen Sprints werden analysiert und mit dem Team besprochen.
- Neue Mitarbeiter können bei Bedarf eingestellt werden.
- Er sorgt für eine angenehme und produktive Atmosphäre bei den Beteiligten.
- Er erstellt einen Verbesserungsplan, mit dem auch die „Definition of Done" angepasst werden kann.

---

[44] Vgl. https://agilescrumgroup.de/scrum-master-retrospektive/, Zugriff am 20.05.2020.

Um die Sprint Retrospektive optimal zu gestalten, verwendet er die „Segelboot" Methode. Diese kann in der Abbildung 4 visualisiert werden:

Abbildung 4: Segelboot-Methode

Dabei geht es darum, den Teammitgliedern zu verdeutlichen, welches Ziel im nächsten Sprint verfolgt wird (Goal/Vision), was das Team antreibt (Wind), welche Risiken im Weg stehen (Rocks/Risks), welcher Anker das Team beim Vorankommen hindert (Anchor).[45]

Entwicklungsteam

Das Entwicklungsteam berichtet ihrerseits was schlecht gelaufen ist und was noch verbessert werden kann. Es teilt dem Scrum Master mit, was es noch benötigt, damit im nächsten Sprint effektiver gearbeitet werden kann.

Product Owner

Der Product Owner ist an dem Meeting anwesend, auch wenn er keine aktive Rolle einnimmt. Er hört zu, was das Team bespricht und nimmt auch Verbesserungsvorschläge mit, die das Team auf den Weg gebracht hat. Sein Feedback kann für das gesamte Team sehr hilfreich sein.

---

[45] Vgl., https://agilescrumgroup.de/scrum-master-retrospektive/, Zugriff am 20.05.2020.

7. Kritische Betrachtung

Diese Arbeit beschäftigt sich mit den Grundlagen von SCRUM und dient dazu, die Funktionsweise der agilen Methoden-Scrum zu verstehen. Im Praxiskapitel beschäftige ich mich mit der Entwicklung einer Software, die mithilfe von Scrum entwickelt werden soll. Das Praxiskapitel ist zu kurz, um eine ausführliche Beschreibung des Projektes zu ermöglichen, es werden jedoch die Scrum-Ereignisse aus der Sicht der Scrum-Rollen erläutert. Im Scrum werden zahlreiche Sprints benötigt, um ein Projekt erfolgreich zu erstellen. In dieser Arbeit wird nur die Durchführung eines Sprints erläutert, da eine umfangreichere Erläuterung den Rahmen dieser Arbeit gesprengt hätte. Eine interessante Fragestellung wäre weiterhin, zum Beispiel die Zerlegung einer User Story in Tasks und wie diese durch die Entwickler erledigt und implementiert werden.

8. Fazit

Ziel dieser Arbeit war es zu klären, wie ein Projekt mit der agilen Projektmanagementmethode SCRUM durchgeführt werden kann. Auf den obigen Folien werden die Grundlagen erklärt und in den folgenden Kapiteln gezeigt, woraus das Framework besteht, welche Rollen benötigt werden, wie das Projekt abläuft und welche Artefakte bedeutsam sind.

Abschließend wird im Kapitel 6 anhand von SCRUM die Entwicklung einer App erläutert. Alle Scrum-Ereignisse wurden betrachtet, wobei der Fokus auf die Rollen (Product Owner, Scrum Master, Entwicklungsteam) lag. SCRUM ist eine wunderbare Methode qualitative und schnelle Software zu erstellen. Die Software erhält durch das entstandene Produktinkrement am jeden Sprintende einen Mehrwert für den Kunden und verbessert sich ständig durch die geprägte typische Scrum-Feedback-Kultur.

9. Ausblick

Die betrachtete Projektmanagementmethode „SCRUM" stellt in dieser Hausarbeit keine endgültige Lösung für die Konzeption einer Software. Es existieren neben Scrum auch andere agile Methoden, die in der Softwareentwicklung eingesetzt werden können. Die agile Methode „KANBAN" eignet sich auch sehr gut im Bereich der agilen Softwareentwicklung. SCRUM ist also nicht die universelle Lösung, weil nicht jedes Projekt über die gleichen Anforderungen verfügt.[46]

---

[46] Vgl. Böhm, J., (2019), S. 135.

10. Literaturverzeichnis

A. Nyamsi, E. (2019). *Projektmanagement mit Scrum: Tools zur Entwicklung von Software.* Karlsruhe: Springer-Verlag, 2019.

agilescrumgroup. (2020). *Definition-of-Ready.* Abgerufen am 13.05.2020 von https://agilescrumgroup.de/definition-of-ready/

agilescrumgroup. (2020). *Scrum Board: Der Nutzen einer Aufgabentafel.* Abgerufen am 12.05.2020 von https://agilescrumgroup.de/scrum-board/

agilescrumgroup. (2020). *Welche Aufgaben hat ein Scrum Master bezüglich der Sprint Retrospektive.* Abgerufen am 20.05.2020 von https://agilescrumgroup.de/scrum-master-retrospektive/

Böhm, J. (2019). *Erfolgsfaktor Agilität: Warum Scrum und Kanban zu zufriedenen Mitarbeitern und erfolgreichen Kunden führen.* Stuttgart, Baden-Württemberg: Springer-Verlag, 2019.

dasscrumteam. (24.03.2015). *Scrum-Artefakte.* Abgerufen am 16.04.2020 von https://www.dasscrumteam.com/de/blog/scrum-guide-und-skalierung-teil-4-scrum-artefakte

Dominik, M. (2018). *Scrum–Einführung in der Unternehmenspraxis: Von starren Strukturen zu agilen Kulturen.* 2 Auflage, Hattenhofen: Springer-Verlag, 2018.

Eid, P. (2019). *Agiles Projektmanagement und Scrum: Praxishandbuch Agiles Arbeiten.* Norderstedt: BoD – Books on Demand-Verlag, 2019.

ingenieur.de. (2020). *Scrum: So funktioniert agiles Projektmanagement im Sprint.* Abgerufen am 20.04.2020 von https://www.ingenieur.de/karriere/arbeitsleben/alltag/scrum-so-funktioniert-agiles-projektmanagement-im-sprint/

inloox. (12.10.2016). *Scrum Grundlagen einfach erklärt: Der Product Backlog.* Abgerufen am 16.04.2020 von https://www.inloox.de/unternehmen/blog/artikel/scrum-grundlagen-einfach-erklaert-der-product-backlog/

integrata-cegos. (2020). *Scrum und Agilität - Von den Grundlagen zur Zertifizierung.* Abgerufen am 05.04.2020 von https://www.integrata-cegos.de/leistungsangebot-informationstechnologie/scrum-und-agilitaet

Pfeffer, J. (2019). *Grundlagen der agilen Produktentwicklung: Basiswissen zu Scrum, Kanban, Lean Development.* 1 Auflage, Norderstedt: BoD – Books on Demand-Verlag, 2019.

projektmagazin. (19.10.2014). *Product Backlog.* Abgerufen am 17.04.2020 von https://www.projektmagazin.de/glossarterm/product-backlog

S. Rubin, K. (2014). *Essential Scrum: Umfassendes Scrum-Wissen aus der Praxis.* 1 Auflage, Heidelberg: mitp Verlags GmbH & Co. KG, 2014.

scrumkurs24. (14.09.2016). *Definition-of-Ready.* Abgerufen am 27.04.2020 von https://scrumkurs24.de/definition-of-ready/